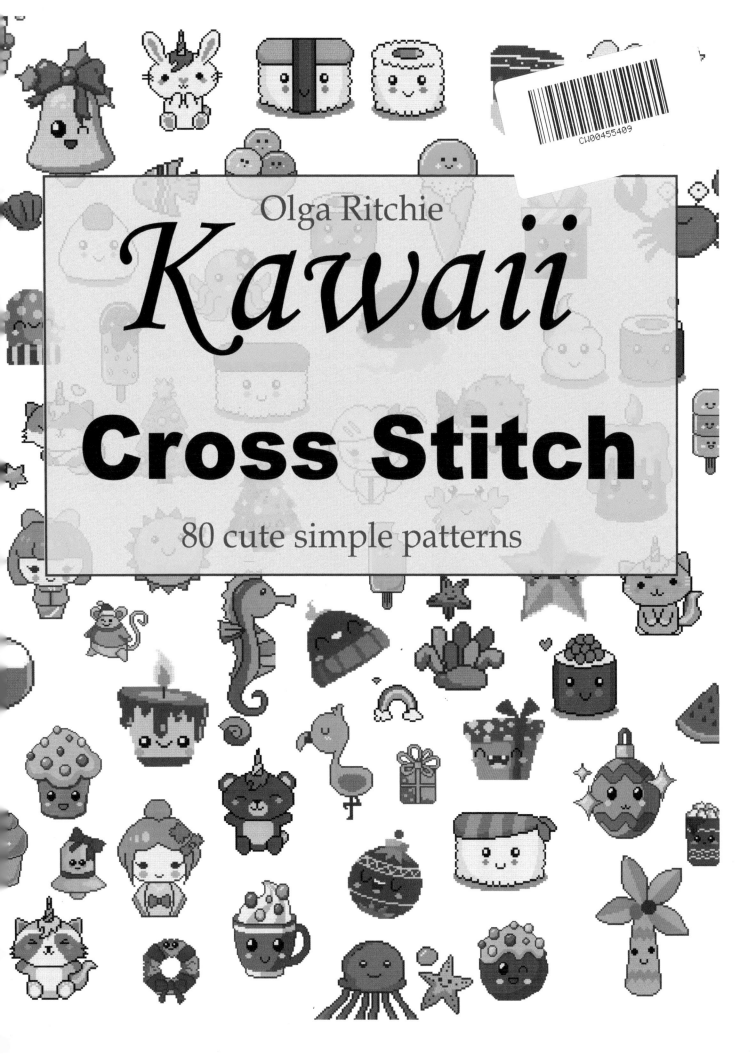

Olga Ritchie

Kawaii

Cross Stitch

80 cute simple patterns

Welcome to the wonderful book "Kawaii Cross Stitch", where you can find over 80 amazing little projects that anybody will love. If you are a beginner, these designs will be suitable for you as they are easy to follow.

Kawaii, which literally means "cute" in Japanese, have become very popular lately. Big eyes, rounded shapes, simple features – these nowadays are the cutest form of art.

This book contains a variety of Kawaii characters to cross stitch, so there's plenty to choose from.

Before starting work, check the design size given with each project and make sure that this is the size you require for your finished embroidery. Your fabric must be larger than the finished design size to allow for making up, so allow 10cm (4in) to both dimensions when stitching a picture.

Each square of the pattern represents one stitch. Each coloured square, or coloured square with symbol, represents a thread colour, with the code number given in instructions. The thread type given – DMC and Anchor.

Happy stitching!

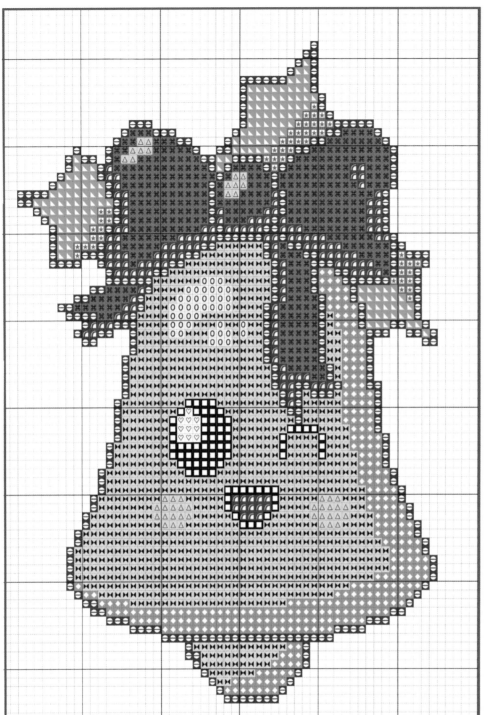

Legend:

☐☐	[2]	DMC-310	ANC-403	black	(76 stitches, 0.1 skeins)
♡☐	[2]	DMC-White	ANC-1	white	(10 stitches, 0.1 skeins)
0☐	[2]	DMC-445	ANC-288	lemon - lt	(42 stitches, 0.1 skeins)
◆☐	[2]	DMC-838	ANC-380	beige brown - vy dk	(385 stitches, 0.2 skeins)
◣☐	[2]	DMC-702	ANC-239	kelly green	(149 stitches, 0.1 skeins)
◤☐	[2]	DMC-700	ANC-229	christmas green - br	(49 stitches, 0.1 skeins)
⌘☐	[2]	DMC-3832	ANC-1023	raspberry - md	(372 stitches, 0.2 skeins)
◢☐	[2]	DMC-973	ANC-290	canary - br	(931 stitches, 0.4 skeins)
◧☐	[2]	DMC-783	ANC-307	topaz - md	(294 stitches, 0.1 skeins)
◥☐	[2]	DMC-3831	ANC-77	raspberry - dk	(156 stitches, 0.1 skeins)
△☐	[2]	DMC-963	ANC-73	dusty rose - ul vy lt	(46 stitches, 0.1 skeins)

☐	■	[2]	DMC-310	ANC-403
♡	☐	[2]	DMC-White	ANC-1
0	☐	[2]	DMC-445	ANC-288
★	■	[2]	DMC-801	ANC-359
◆	■	[2]	DMC-838	ANC-380
⌘	■	[2]	DMC-3832	ANC-1023
△	☐	[2]	DMC-963	ANC-73
♣	■	[2]	DMC-3831	ANC-77
u	☐	[2]	DMC-453	ANC-231
◐	☐	[2]	DMC-973	ANC-290
◥	■	[2]	DMC-783	ANC-307
△	■	[2]	DMC-702	ANC-239
6	☐	[2]	DMC-772	ANC-259
◩	■	[2]	DMC-700	ANC-229
↑	☐	[2]	DMC-151	ANC-73
♣	■	[2]	DMC-433	ANC-889
8	■	[2]	DMC-3354	ANC-24
◼	■	[2]	DMC-3890	ANC-
N	☐	[2]	DMC-775	ANC-1031
✳	■	[2]	DMC-995	ANC-410

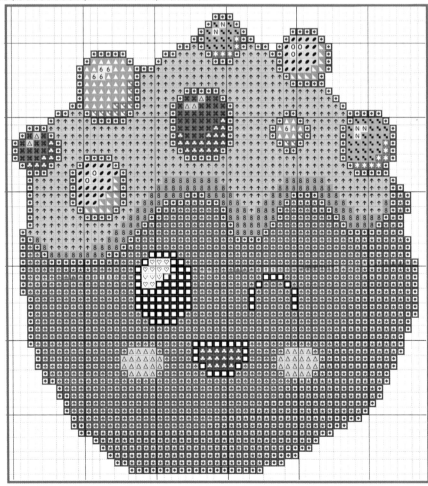

⬜⬛	[2] DMC-310	ANC-403	
♡⬜	[2] DMC-White	ANC-1	
0⬜	[2] DMC-445	ANC-288	
◈⬛	[2] DMC-838	ANC-380	
◨▨	[2] DMC-702	ANC-239	
◻▨	[2] DMC-700	ANC-229	
▪▨	[2] DMC-3890	ANC-	

✳▨	[2] DMC-995	ANC-410	
N⬜	[2] DMC-775	ANC-1031	
⌘▨	[2] DMC-3832	ANC-1023	
△▨	[2] DMC-963	ANC-73	
♣⬛	[2] DMC-3831	ANC-77	
⬤▨	[2] DMC-973	ANC-290	
◧▨	[2] DMC-783	ANC-307	
⬖▨	[2] DMC-433	ANC-889	
✕▨	[2] DMC-436	ANC-1045	

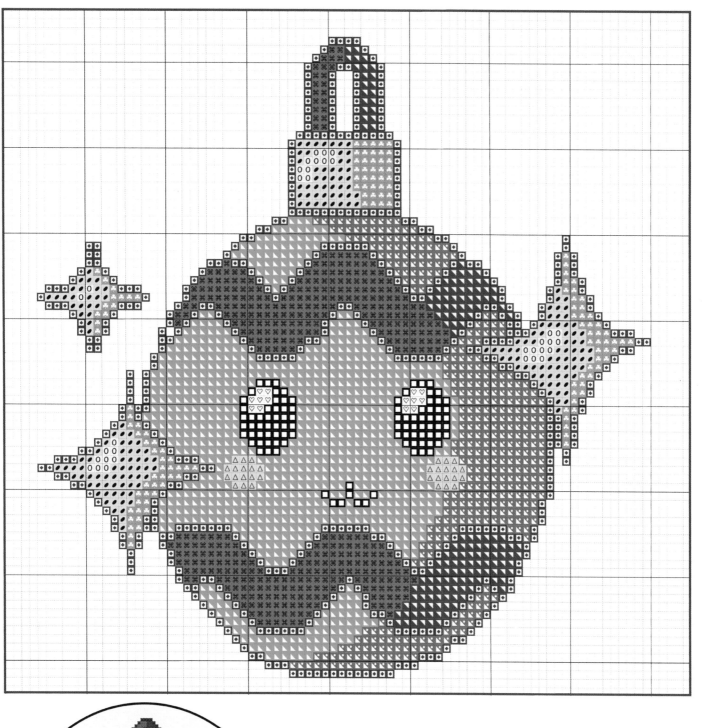

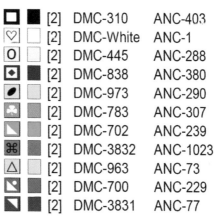

⬜	⬛	[2]	DMC-310	ANC-403
♡	⬜	[2]	DMC-White	ANC-1
O	⬜	[2]	DMC-445	ANC-288
◈	⬛	[2]	DMC-838	ANC-380
◖	⬜	[2]	DMC-973	ANC-290
♣	⬛	[2]	DMC-783	ANC-307
◺	⬛	[2]	DMC-702	ANC-239
⌘	⬛	[2]	DMC-3832	ANC-1023
△	⬜	[2]	DMC-963	ANC-73
◣	⬛	[2]	DMC-700	ANC-229
◣	⬛	[2]	DMC-3831	ANC-77

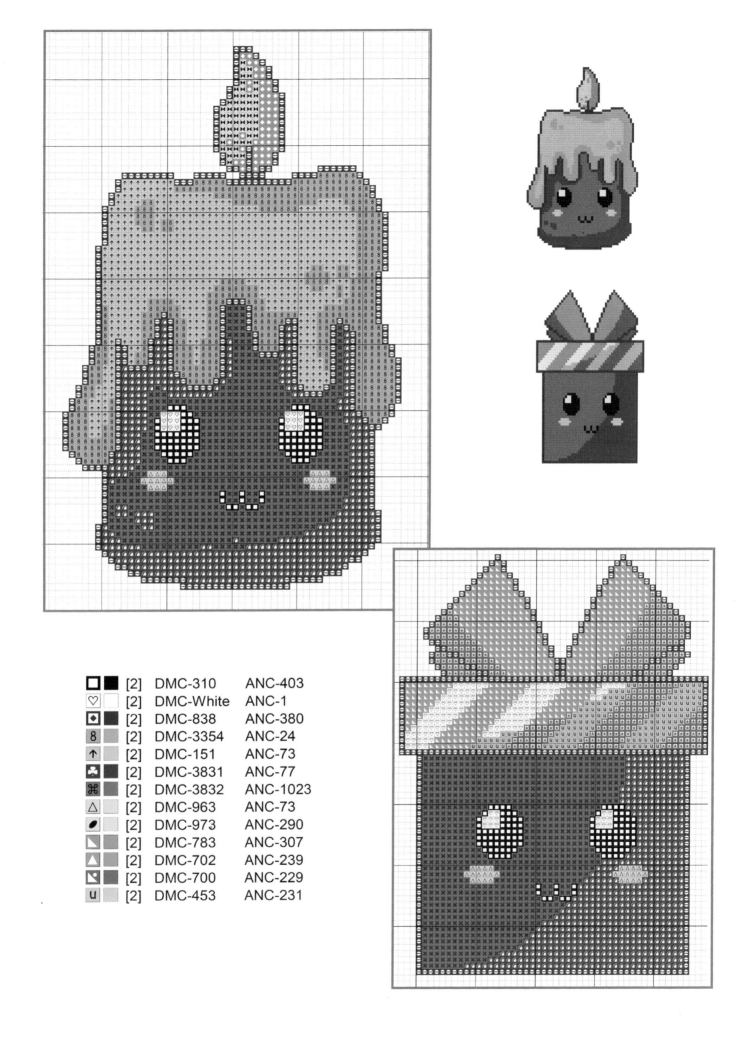

		[2]	DMC-310	ANC-403
□	■	[2]	DMC-White	ANC-1
♡		[2]	DMC-838	ANC-380
◈	■	[2]	DMC-3354	ANC-24
8		[2]	DMC-151	ANC-73
↑		[2]	DMC-3831	ANC-77
♣	■	[2]	DMC-3832	ANC-1023
⌘	■	[2]	DMC-963	ANC-73
△		[2]	DMC-973	ANC-290
◢		[2]	DMC-783	ANC-307
◺	■	[2]	DMC-702	ANC-239
◸	■	[2]	DMC-700	ANC-229
u		[2]	DMC-453	ANC-231

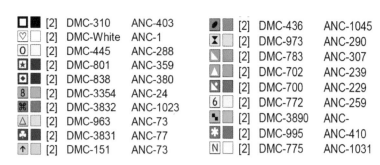

⬜⬛	[2]	DMC-310	ANC-403		
♡⬜	[2]	DMC-White	ANC-1		
O⬜	[2]	DMC-445	ANC-288		
★■	[2]	DMC-801	ANC-359		
◆■	[2]	DMC-838	ANC-380		
8■	[2]	DMC-3354	ANC-24		
⌘■	[2]	DMC-3832	ANC-1023		
△⬜	[2]	DMC-963	ANC-73		
⬕■	[2]	DMC-3831	ANC-77		
↑■	[2]	DMC-151	ANC-73		

◗■	[2]	DMC-436	ANC-1045
⊠⬜	[2]	DMC-973	ANC-290
◸■	[2]	DMC-783	ANC-307
△■	[2]	DMC-702	ANC-239
◺■	[2]	DMC-700	ANC-229
6⬜	[2]	DMC-772	ANC-259
⬕■	[2]	DMC-3890	ANC-
✳■	[2]	DMC-995	ANC-410
N⬜	[2]	DMC-775	ANC-1031

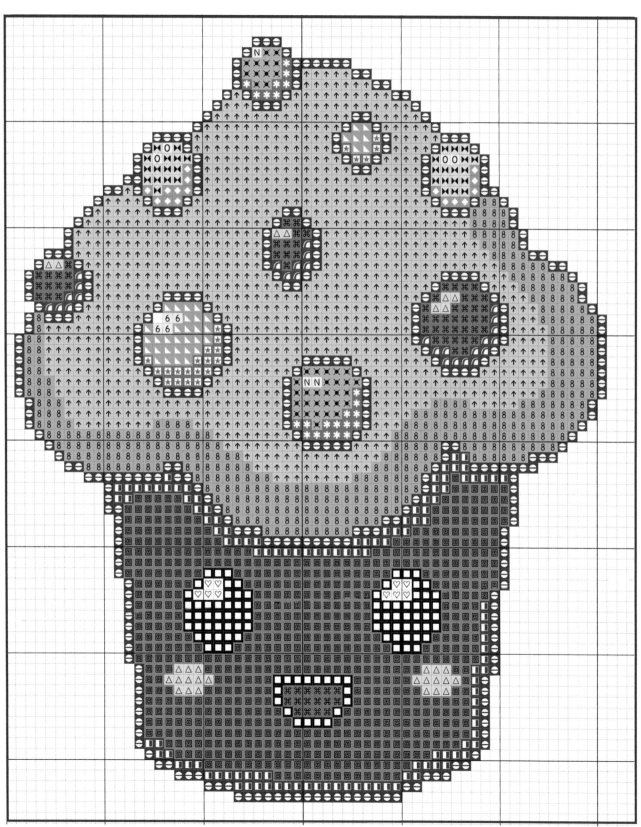

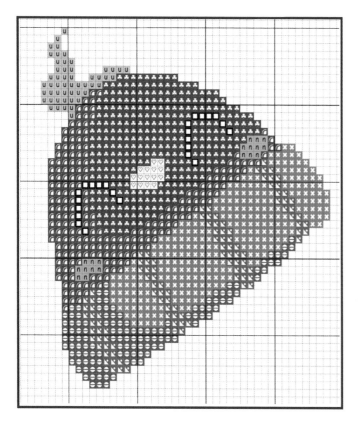

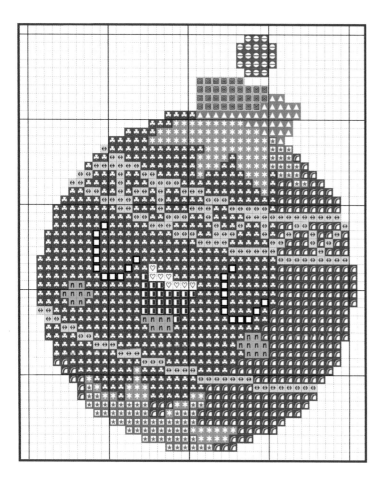

		[2]	DMC-310	ANC-403
♡		[2]	DMC-White	ANC-1
◈		[2]	DMC-3889	ANC-
✦		[2]	DMC-307	ANC-289
⋈		[2]	DMC-740	ANC-925
◪		[2]	DMC-300	ANC-352
n		[2]	DMC-894	ANC-26
Ж		[2]	DMC-892	ANC-28
◖		[2]	DMC-3831	ANC-77
♣		[2]	DMC-666	ANC-46
↔		[2]	DMC-739	ANC-366
✳		[2]	DMC-3850	ANC-227
★		[2]	DMC-991	ANC-1076
◣		[2]	DMC-958	ANC-187
h		[2]	DMC-964	ANC-185
●		[2]	DMC-907	ANC-255
▣		[2]	DMC-972	ANC-303
⊖		[2]	DMC-500	ANC-683
✖		[2]	DMC-505	ANC-1042
◈		[2]	DMC-3808	ANC-1068
◥		[2]	DMC-924	ANC-851
◇		[2]	DMC-832	ANC-374
v		[2]	DMC-951	ANC-1010
+		[2]	DMC-906	ANC-256
△		[2]	DMC-781	ANC-1046
⬆		[2]	DMC-783	ANC-307
⌘		[2]	DMC-725	ANC-298
♣		[2]	DMC-780	ANC-309
◫		[2]	DMC-814	ANC-45
u		[2]	DMC-341	ANC-117

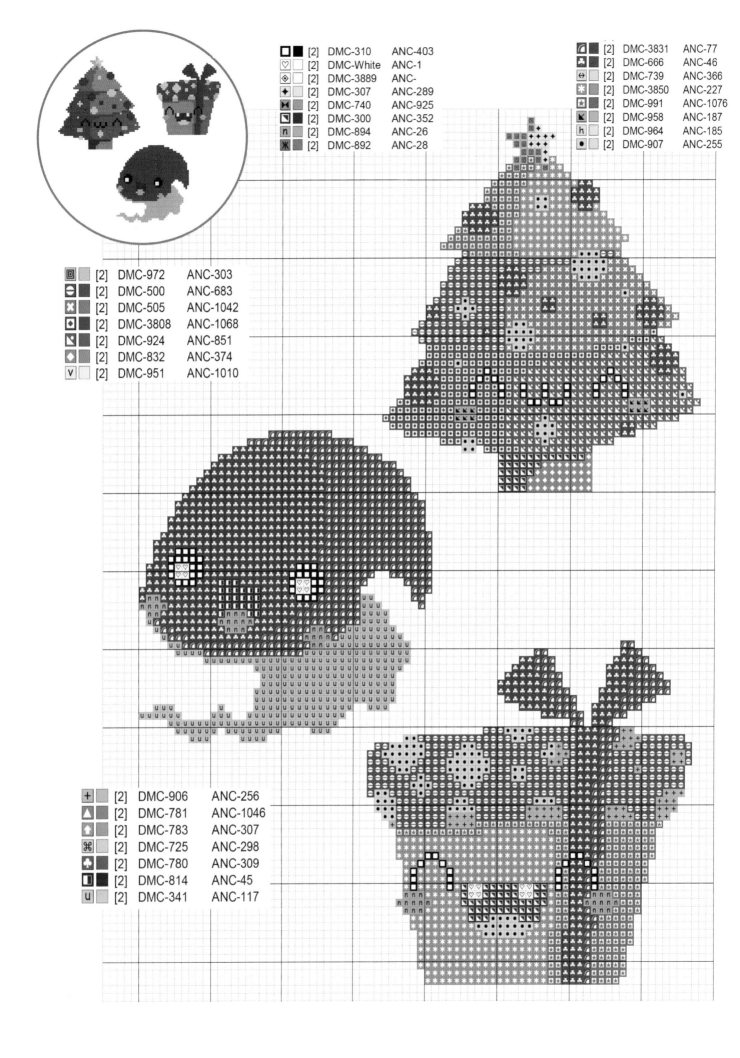

□ ■	[2]	DMC-310	ANC-403
♡ □	[2]	DMC-White	ANC-1
◈ □	[2]	DMC-3889	ANC-
✦ □	[2]	DMC-307	ANC-289
⋈	[2]	DMC-740	ANC-925
◥ ■	[2]	DMC-300	ANC-352
n	[2]	DMC-894	ANC-26
❋	[2]	DMC-892	ANC-28

◪ ■	[2]	DMC-3831	ANC-77
♣ ■	[2]	DMC-666	ANC-46
↔	[2]	DMC-739	ANC-366
✳	[2]	DMC-3850	ANC-227
★	[2]	DMC-991	ANC-1076
◤	[2]	DMC-958	ANC-187
h	[2]	DMC-964	ANC-185
●	[2]	DMC-907	ANC-255

▣	[2]	DMC-972	ANC-303
⊖ ■	[2]	DMC-500	ANC-683
✕	[2]	DMC-505	ANC-1042
◈ ■	[2]	DMC-3808	ANC-1068
◥ ■	[2]	DMC-924	ANC-851
◆	[2]	DMC-832	ANC-374
v	[2]	DMC-951	ANC-1010

+	[2]	DMC-906	ANC-256
△	[2]	DMC-781	ANC-1046
⬆	[2]	DMC-783	ANC-307
⌘	[2]	DMC-725	ANC-298
♣ ■	[2]	DMC-780	ANC-309
◨ ■	[2]	DMC-814	ANC-45
u	[2]	DMC-341	ANC-117

♡ [2] DMC-White ANC-1	1 [2] DMC-3609 ANC-85	
4 [2] DMC-353 ANC-8	∈ [2] DMC-415 ANC-848	
Ж [2] DMC-3705 ANC-28	◆ [2] DMC-838 ANC-380	
* [2] DMC-3801 ANC-1098	☒ [2] DMC-844 ANC-1041	
c [2] DMC-162 ANC-158	♠ [2] DMC-3801 ANC-1098	
u [2] DMC-827 ANC-1032	Б [2] DMC-3854 ANC-313	
Ӿ [2] DMC-813 ANC-140	◩ [2] DMC-3853 ANC-1002	
5 [2] DMC-3806 ANC-62	△ [2] DMC-3823 ANC-386	
⌘ [2] DMC-3805 ANC-38	6 [2] DMC-745 ANC-300	

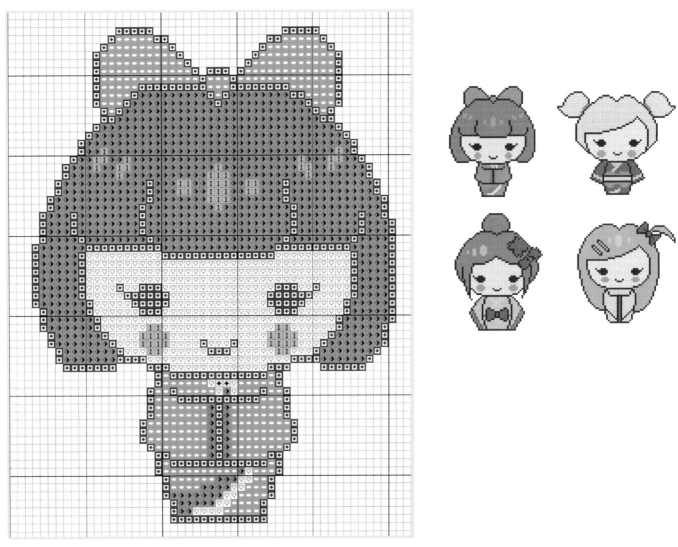

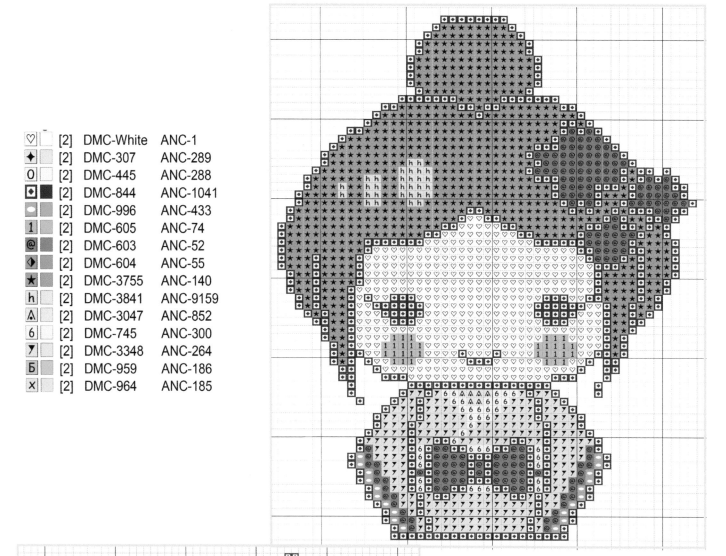

♡	[2]	DMC-White	ANC-1
✦	[2]	DMC-307	ANC-289
0	[2]	DMC-445	ANC-288
⬖	[2]	DMC-844	ANC-1041
◻	[2]	DMC-996	ANC-433
1	[2]	DMC-605	ANC-74
@	[2]	DMC-603	ANC-52
◈	[2]	DMC-604	ANC-55
★	[2]	DMC-3755	ANC-140
h	[2]	DMC-3841	ANC-9159
Λ	[2]	DMC-3047	ANC-852
6	[2]	DMC-745	ANC-300
⅄	[2]	DMC-3348	ANC-264
Б	[2]	DMC-959	ANC-186
x	[2]	DMC-964	ANC-185

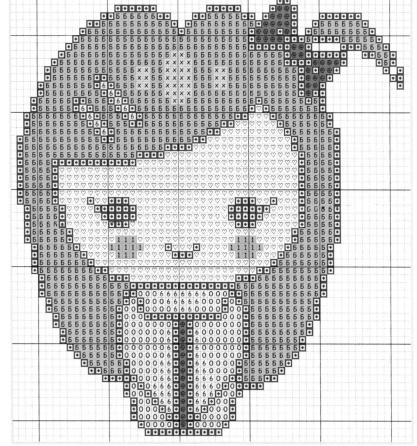

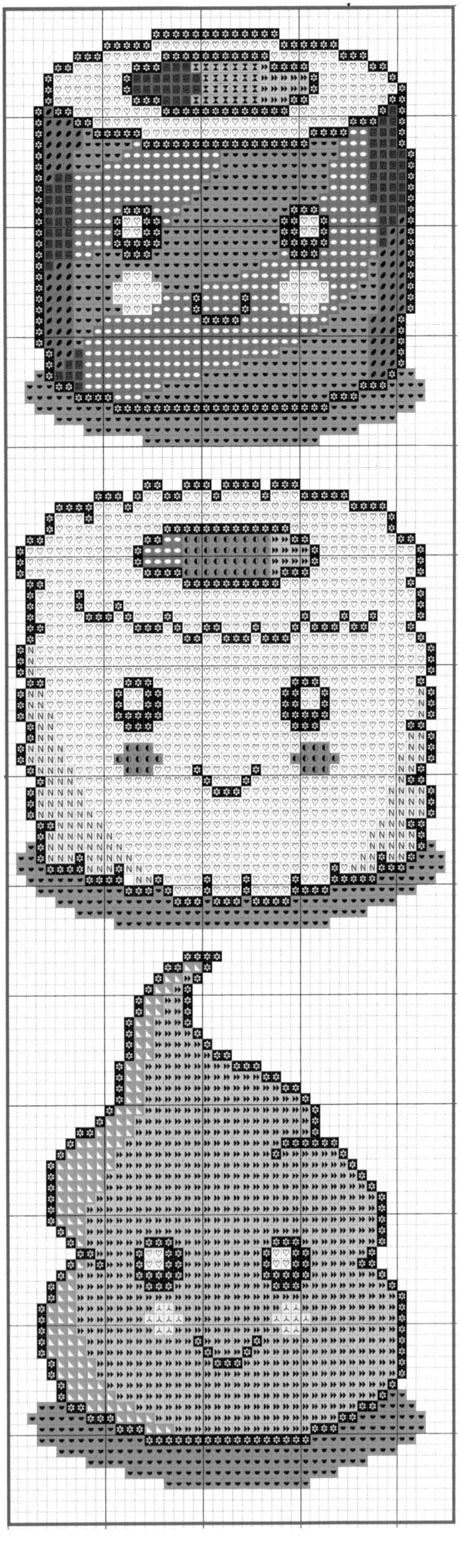

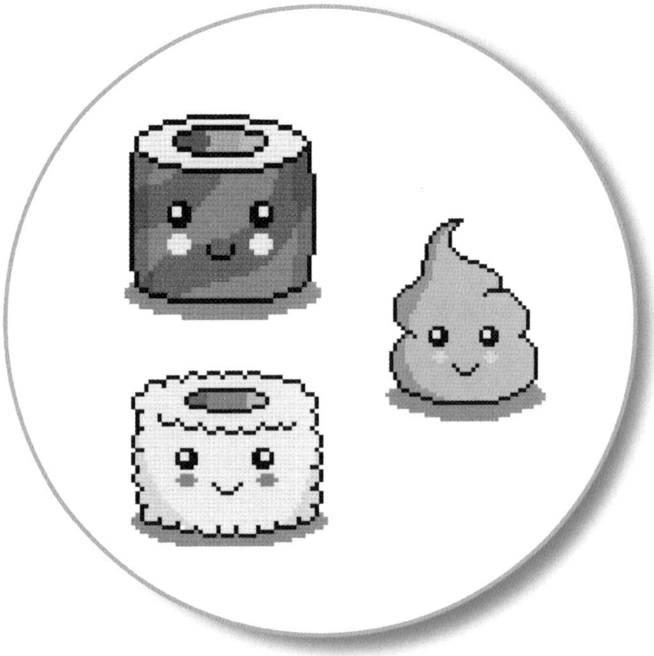

		[2]	DMC-310	ANC-403
♡		[2]	DMC-White	ANC-1
		[2]	DMC-3340	ANC-329
		[2]	DMC-606	ANC-333
		[2]	DMC-3892	ANC-
		[2]	DMC-947	ANC-329
		[2]	DMC-972	ANC-303
		[2]	DMC-704	ANC-255
N		[2]	DMC-775	ANC-103
		[2]	DMC-3608	ANC-60
		[2]	DMC-702	ANC-239
		[2]	DMC-819	ANC-271

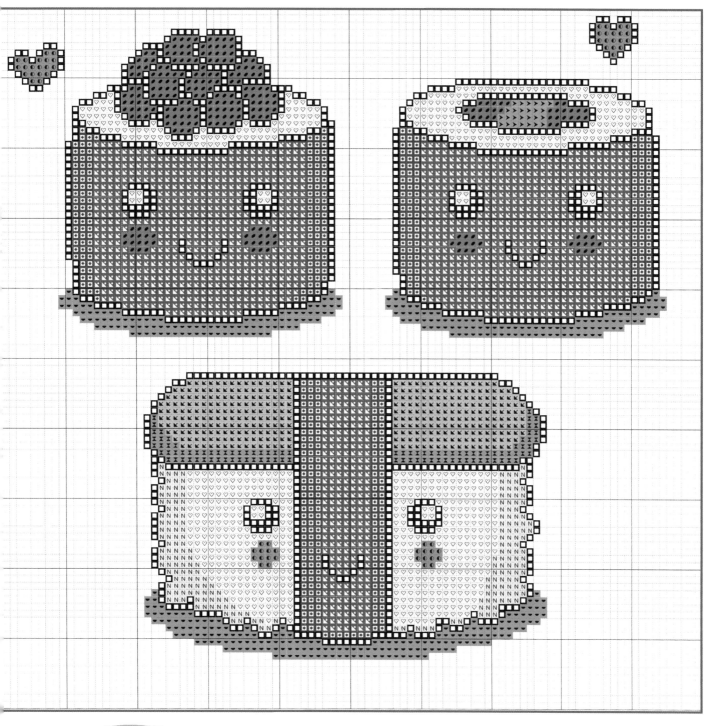

□	■	[2]	DMC-310	ANC-403
♡	□	[2]	DMC-White	ANC-1
◗	▨	[2]	DMC-3340	ANC-329
◖	▨	[2]	DMC-3608	ANC-60
◈	▨	[2]	DMC-935	ANC-263
◣	▨	[2]	DMC-3051	ANC-681
◗	▨	[2]	DMC-3892	ANC-
▶	▨	[2]	DMC-722	ANC-323
✕	▨	[2]	DMC-740	ANC-925
◤	▨	[2]	DMC-972	ANC-303
N	□	[2]	DMC-775	ANC-1031

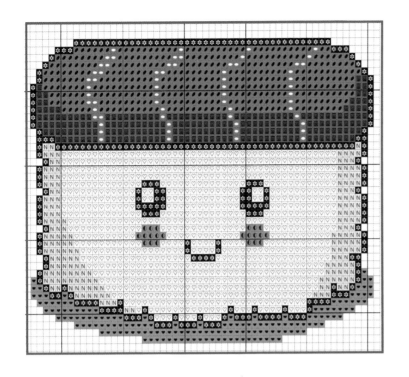

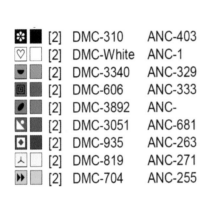

✳	■	[2]	DMC-310	ANC-403
♡	□	[2]	DMC-White	ANC-1
▾	▨	[2]	DMC-3340	ANC-329
▣	▨	[2]	DMC-606	ANC-333
◗	▨	[2]	DMC-3892	ANC-
◥	▨	[2]	DMC-3051	ANC-681
◈	▨	[2]	DMC-935	ANC-263
⅄	□	[2]	DMC-819	ANC-271
▶▶	▨	[2]	DMC-704	ANC-255

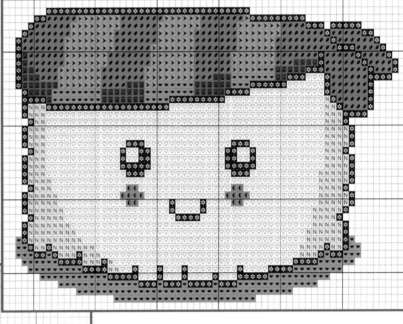

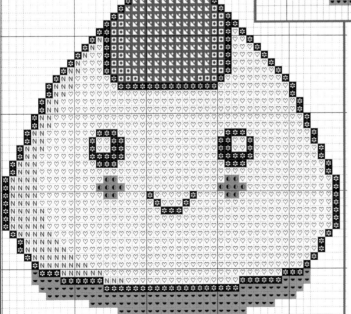

◺	▨	[2]	DMC-702	ANC-239
◐	▨	[2]	DMC-3608	ANC-60
▶	▨	[2]	DMC-722	ANC-323
N	□	[2]	DMC-775	ANC-1031
⬭	▨	[2]	DMC-947	ANC-329
◤	▨	[2]	DMC-972	ANC-303
❙	▨	[2]	DMC-740	ANC-925

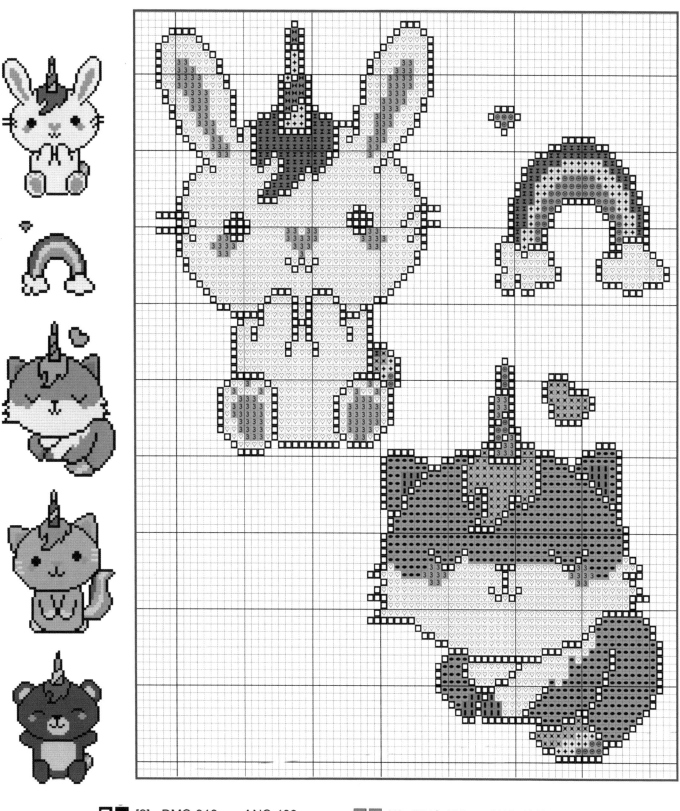

☐■	[2]	DMC-310	ANC-403	◕■	[2] DMC-169	ANC-1040
♡☐	[2]	DMC-White	ANC-1	U☐	[2] DMC-168	ANC-398
✦☐	[2]	DMC-307	ANC-289	●☐	[2] DMC-971	ANC-316
✕☐	[2]	DMC-320	ANC-216	▌☐	[2] DMC-3892	ANC-
✪☐	[2]	DMC-809	ANC-175	N☐	[2] DMC-762	ANC-234
◤■	[2]	DMC-976	ANC-1001	∈☐	[2] DMC-415	ANC-848
3☐	[2]	DMC-3326	ANC-36	?☐	[2] DMC-3855	ANC-311
✕■	[2]	DMC-553	ANC-98	✕■	[2] DMC-3882	ANC-

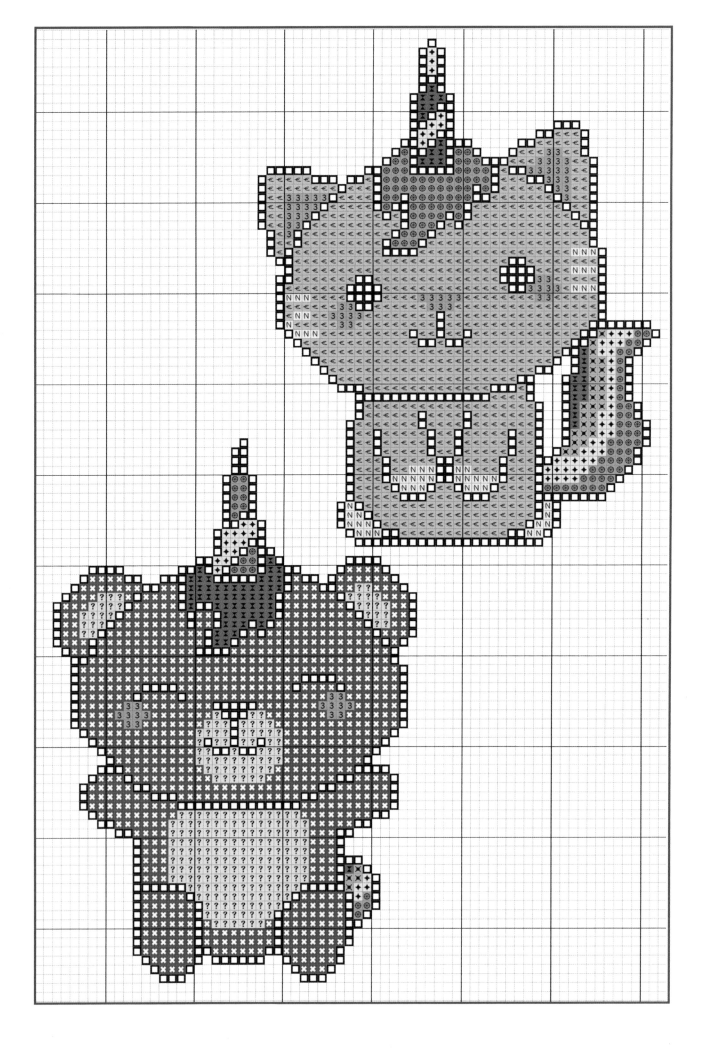

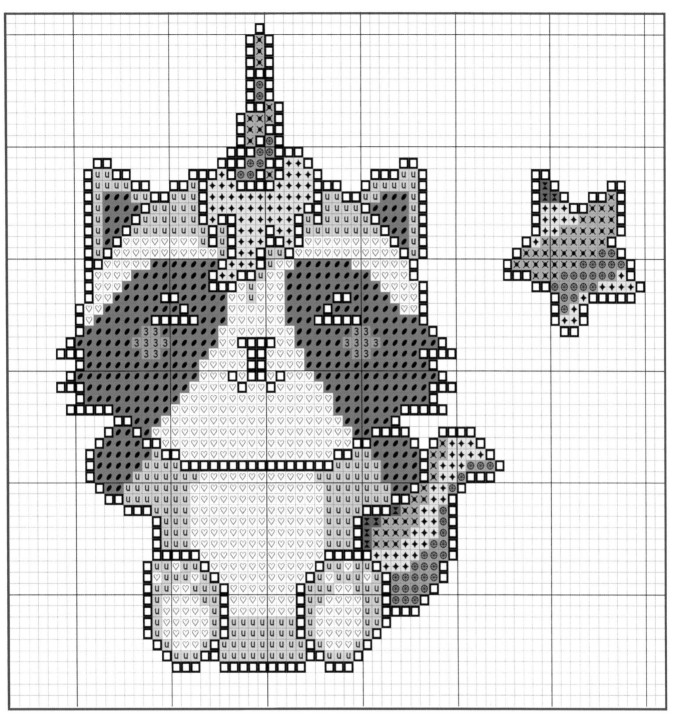

☐ ■	[2]	DMC-310	ANC-403
♡ ☐	[2]	DMC-White	ANC-1
✦	[2]	DMC-307	ANC-289
✕	[2]	DMC-320	ANC-216
⊛	[2]	DMC-809	ANC-175
⋈	[2]	DMC-976	ANC-1001
3	[2]	DMC-3326	ANC-36
⚍	[2]	DMC-553	ANC-98
●	[2]	DMC-169	ANC-1040
u	[2]	DMC-168	ANC-398
●	[2]	DMC-971	ANC-316
❙	[2]	DMC-3892	ANC-
N	[2]	DMC-762	ANC-234
∈	[2]	DMC-415	ANC-848
?	[2]	DMC-3855	ANC-311
✖	[2]	DMC-3882	ANC-

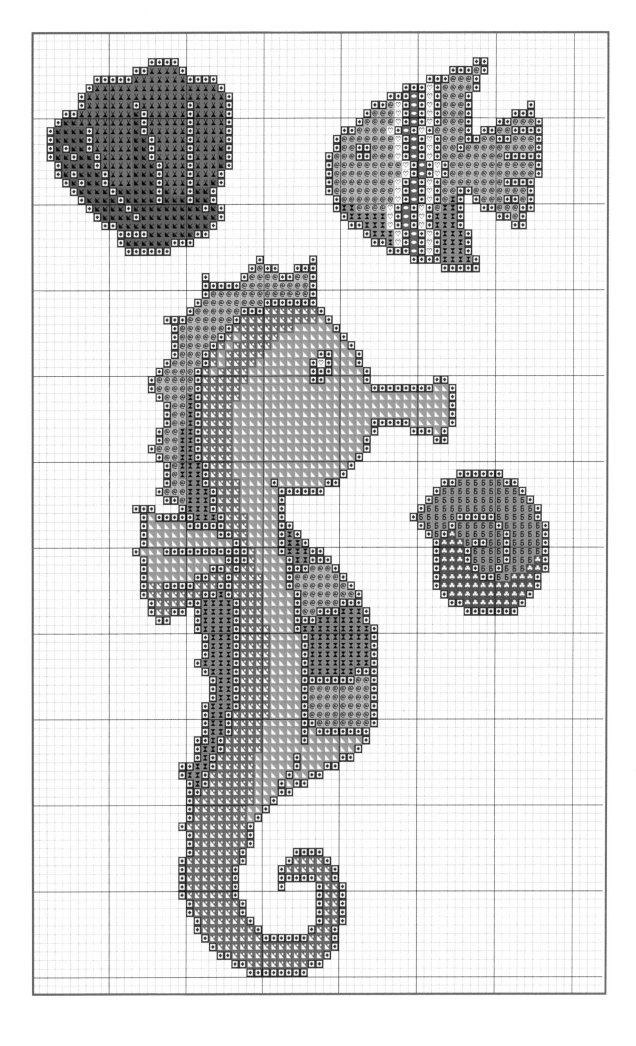

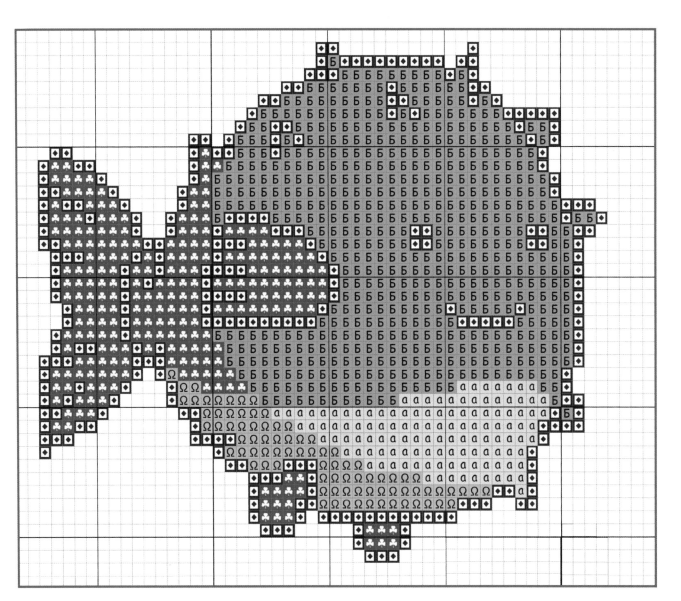

♡ □	[2]	DMC-White	ANC-1
⊕	[2]	DMC-809	ANC-175
◆	[2]	DMC-3371	ANC-382
◤	[2]	DMC-335	ANC-41
✕	[2]	DMC-3705	ANC-28
◖	[2]	DMC-920	ANC-1004
@	[2]	DMC-742	ANC-303
✕	[2]	DMC-3853	ANC-1002
◺	[2]	DMC-702	ANC-239
◣	[2]	DMC-700	ANC-229
♣	[2]	DMC-3887	ANC-
Б	[2]	DMC-210	ANC-108
а	[2]	DMC-3033	ANC-391
Ω	[2]	DMC-648	ANC-900

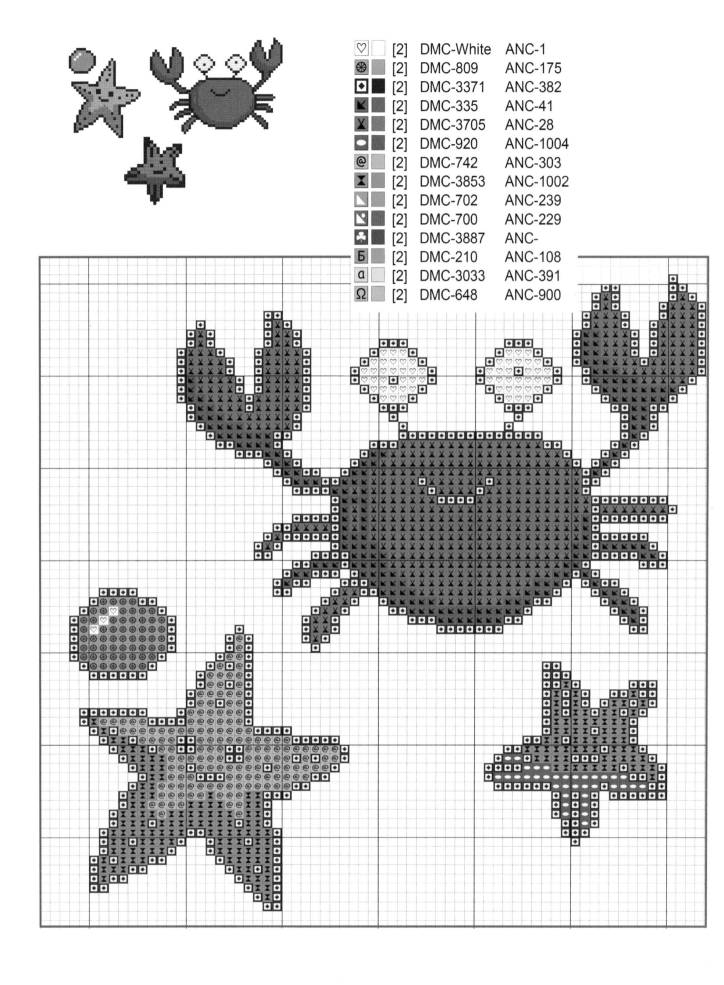

♡		[2]	DMC-White	ANC-1
✳		[2]	DMC-809	ANC-175
◈		[2]	DMC-3371	ANC-382
◤		[2]	DMC-335	ANC-41
✕		[2]	DMC-3705	ANC-28
◔		[2]	DMC-920	ANC-1004
@		[2]	DMC-742	ANC-303
✕		[2]	DMC-3853	ANC-1002
◺		[2]	DMC-702	ANC-239
◺		[2]	DMC-700	ANC-229
♣		[2]	DMC-3887	ANC-
Б		[2]	DMC-210	ANC-108
а		[2]	DMC-3033	ANC-391
Ω		[2]	DMC-648	ANC-900

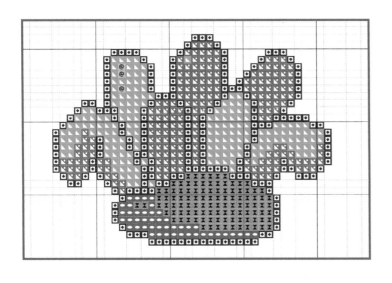

		[2]	DMC-White	ANC-1
♡		[2]	DMC-White	ANC-1
⊕		[2]	DMC-809	ANC-175
◙		[2]	DMC-3371	ANC-382
◣		[2]	DMC-335	ANC-41
⊀		[2]	DMC-3705	ANC-28
◗		[2]	DMC-920	ANC-1004
@		[2]	DMC-742	ANC-303
⊠		[2]	DMC-3853	ANC-1002
◳		[2]	DMC-702	ANC-239
◪		[2]	DMC-700	ANC-229
♣		[2]	DMC-3887	ANC-
Б		[2]	DMC-210	ANC-108
a		[2]	DMC-3033	ANC-391
Ω		[2]	DMC-648	ANC-900

☐■	[2]	DMC-310	ANC-403
♡☐	[2]	DMC-White	ANC-1
◖	[2]	DMC-996	ANC-433
◀	[2]	DMC-3843	ANC-1089
1	[2]	DMC-605	ANC-74
◖	[2]	DMC-973	ANC-290
✳	[2]	DMC-602	ANC-63
◣	[2]	DMC-3031	ANC-842
3	[2]	DMC-554	ANC-97
◈	[2]	DMC-894	ANC-26
Ж	[2]	DMC-892	ANC-28
◑	[2]	DMC-3608	ANC-60
✕	[2]	DMC-971	ANC-316
@	[2]	DMC-742	ANC-303
❏■	[2]	DMC-3895	ANC-

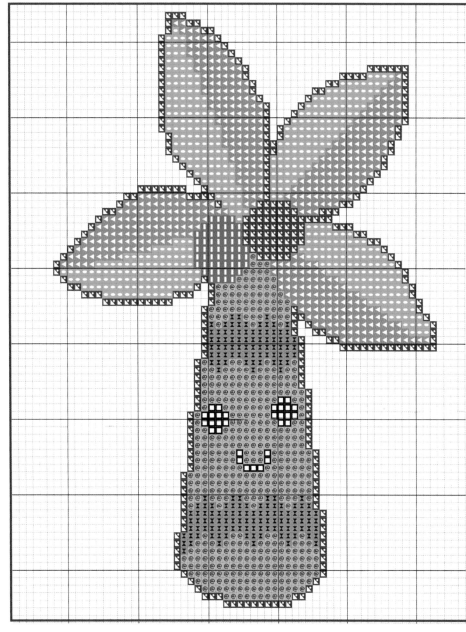

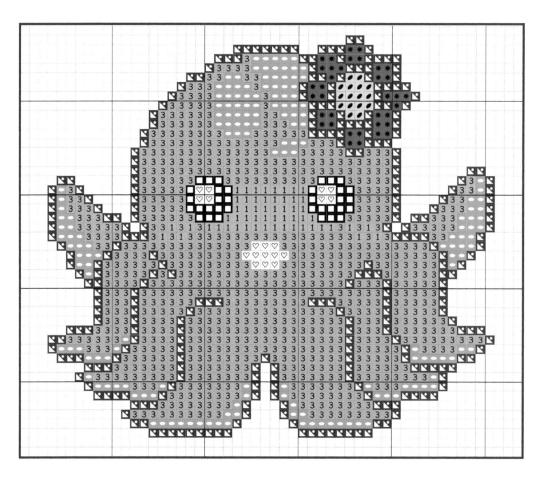

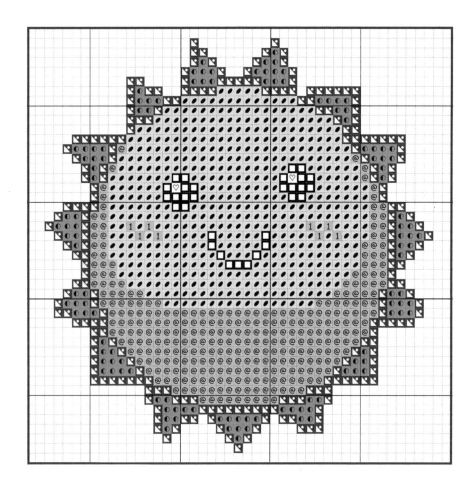

☐ ■	[2]	DMC-310	ANC-403
♡	[2]	DMC-White	ANC-1
	[2]	DMC-996	ANC-433
◁	[2]	DMC-3843	ANC-1089
1	[2]	DMC-605	ANC-74
●	[2]	DMC-973	ANC-290
✳	[2]	DMC-602	ANC-63
◪	[2]	DMC-3031	ANC-842
3	[2]	DMC-554	ANC-97
◈	[2]	DMC-894	ANC-26
Ж	[2]	DMC-892	ANC-28
◑	[2]	DMC-3608	ANC-60
⚒	[2]	DMC-971	ANC-316
@	[2]	DMC-742	ANC-303
◧	[2]	DMC-3895	ANC-

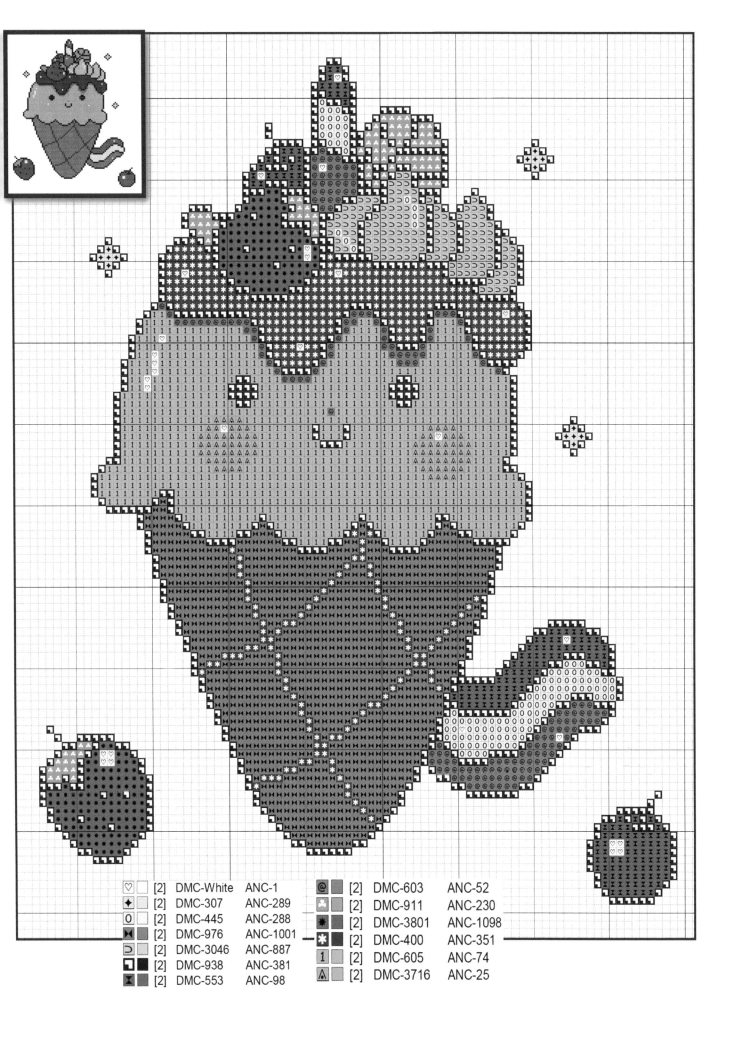

♡	[2] DMC-White	ANC-1	@	[2] DMC-603	ANC-52
✦	[2] DMC-307	ANC-289	♣	[2] DMC-911	ANC-230
0	[2] DMC-445	ANC-288	✱	[2] DMC-3801	ANC-1098
⋈	[2] DMC-976	ANC-1001	✳	[2] DMC-400	ANC-351
⌐	[2] DMC-3046	ANC-887	1	[2] DMC-605	ANC-74
▯	[2] DMC-938	ANC-381	Λ	[2] DMC-3716	ANC-25
✕	[2] DMC-553	ANC-98			

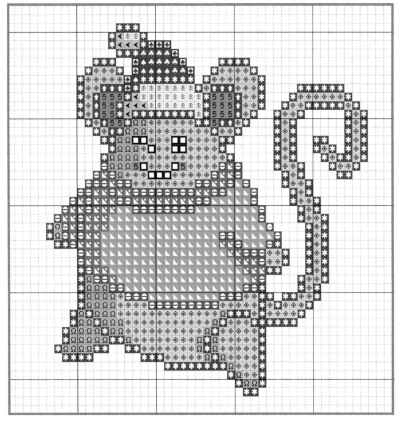

▢	■	[2]	DMC-310	ANC-403
♡	☐	[2]	DMC-White	ANC-1
⬆	■	[2]	DMC-326	ANC-1025
⊖	■	[2]	DMC-699	ANC-923
✦	■	[2]	DMC-801	ANC-359
▲	■	[2]	DMC-321	ANC-47
♣	■	[2]	DMC-666	ANC-46
◑	☐	[2]	DMC-676	ANC-891
✳	■	[2]	DMC-729	ANC-907
▶	☐	[2]	DMC-3822	ANC-288
◩	■	[2]	DMC-702	ANC-239
◪	■	[2]	DMC-700	ANC-229
5	■	[2]	DMC-3806	ANC-62
Ω	☐	[2]	DMC-648	ANC-900
⊞	■	[2]	DMC-815	ANC-44
✳	■	[2]	DMC-413	ANC-401
◰	■	[2]	DMC-898	ANC-360
◰	■	[2]	DMC-938	ANC-381
◨	■	[2]	DMC-3371	ANC-382
↑	☐	[2]	DMC-3713	ANC-1021
◿	■	[2]	DMC-703	ANC-225
✿	☐	[2]	DMC-747	ANC-158
◀	☐	[2]	DMC-3766	ANC-161
◈	☐	[2]	DMC-3024	ANC-397

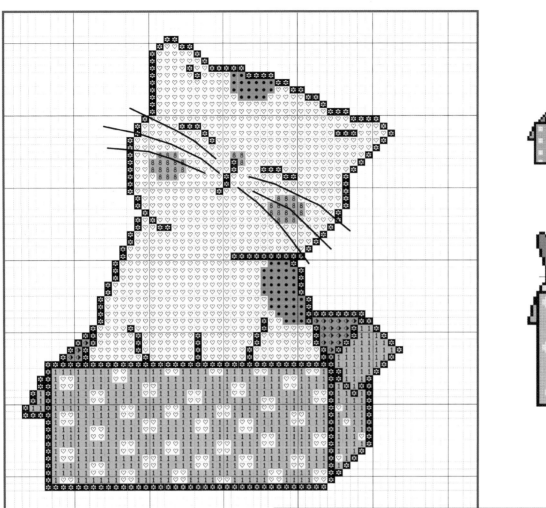

✳	■	[2]	DMC-310	ANC-403
♡	□	[2]	DMC-White	ANC-1
0	□	[2]	DMC-445	ANC-288
◄	■	[2]	DMC-976	ANC-1001
8	■	[2]	DMC-3354	ANC-24
●	■	[2]	DMC-318	ANC-399
1	■	[2]	DMC-605	ANC-74
◧	■	[2]	DMC-604	ANC-55
◑	■	[2]	DMC-676	ANC-891
3	■	[2]	DMC-554	ANC-97
↑	■	[2]	DMC-151	ANC-73
C	■	[2]	DMC-967	ANC-6
Λ	■	[2]	DMC-950	ANC-4146

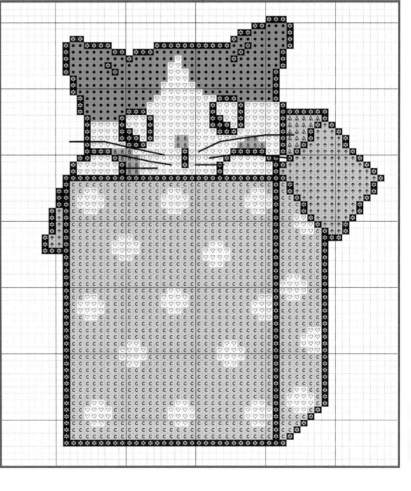

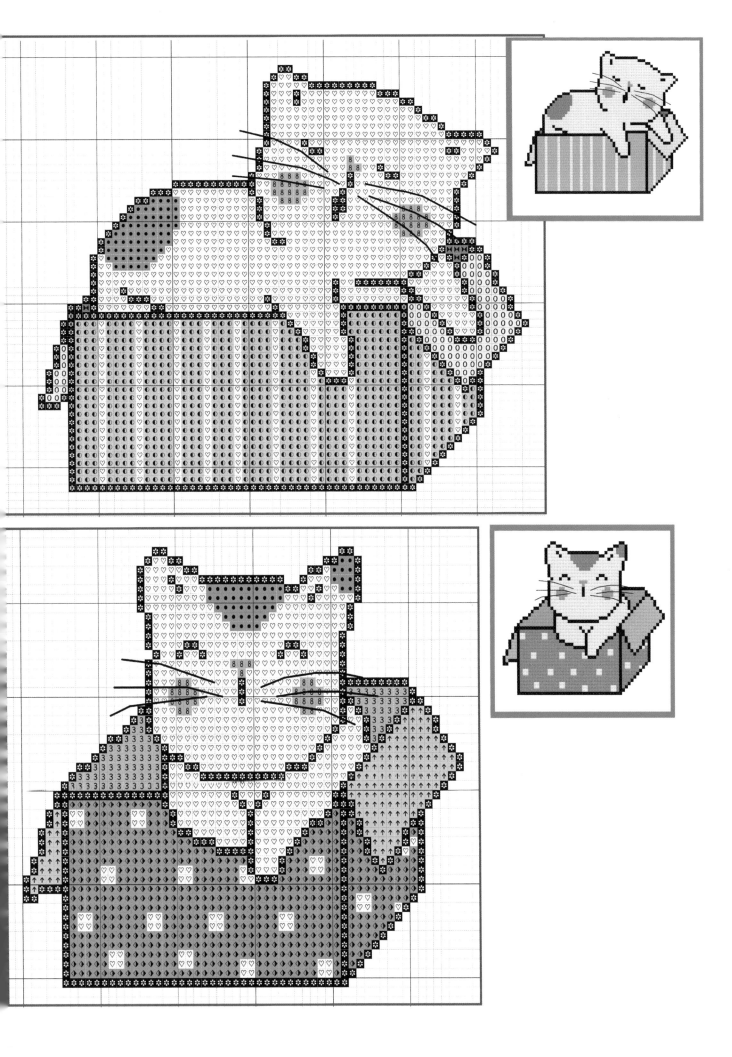

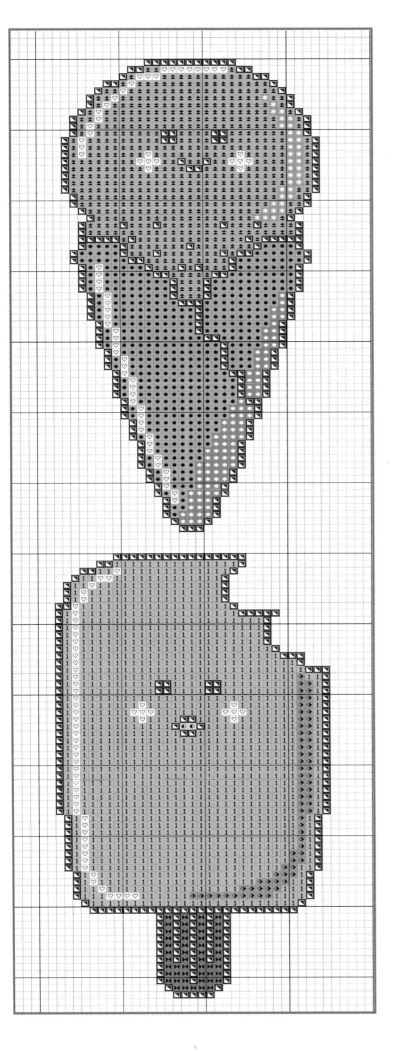

♡		[2]	DMC-White	ANC-1
✦		[2]	DMC-307	ANC-289
◨		[2]	DMC-820	ANC-133
✪		[2]	DMC-167	ANC-375
⋈		[2]	DMC-976	ANC-1001
1		[2]	DMC-605	ANC-74
◐		[2]	DMC-743	ANC-302
Б		[2]	DMC-210	ANC-108
ⓧ		[2]	DMC-799	ANC-145
Ж		[2]	DMC-813	ANC-140
◖		[2]	DMC-826	ANC-176
⬘		[2]	DMC-3846	ANC-1090
◈		[2]	DMC-898	ANC-360
◥		[2]	DMC-209	ANC-109
✳		[2]	DMC-729	ANC-907
✱		[2]	DMC-3844	ANC-169
◈		[2]	DMC-604	ANC-55

	[2]	DMC-White	ANC-1
	[2]	DMC-823	ANC-127
	[2]	DMC-3805	ANC-38
	[2]	DMC-973	ANC-290
	[2]	DMC-996	ANC-433
	[2]	DMC-3689	ANC-49
	[2]	DMC-776	ANC-24
	[2]	DMC-3325	ANC-129

Printed in Great Britain
by Amazon